Mercados
alrededor del mundo

First hardcover edition published in 2017 by Capstone Press
1710 Roe Crest Drive, North Mankato, Minnesota, 56003
mycapstone.com

Published in cooperation with Teacher Created Materials. Teacher Created
Materials is copyright owner of the content contained in this title.

Based on writing from TIME For Kids. TIME For Kids and the TIME For Kids
logo are registered trademarks of TIME Inc. Used under license.

Credits
Dona Herweck Rice, *Editor-in-Chief*
Lee Aucoin, *Creative Director*
Robin Erickson, *Designer*
Connie Medina, *M.A.Ed., Managing Editor*
Stephanie Reid, *Photo Editor*
Rachelle Cracchiolo, *M.S.Ed., Publisher*

Library of Congress Cataloging-in-Publication data is available on the Library of Congress website.
ISBN: 978-1-5157-5164-9

Image Credits
Cover Faraways/Shutterstock; cover inset: enciktep/Shutterstock; p.5 XuRa/Shutterstock; p.6 Wayne Walton/
Getty Images; p.7 enviromantic/iStockphoto; p.8 nimon/Shutterstock; p.9 top to bottom: Manamana/
Shutterstock; Dudarev Mikhail/Shutterstock; p.10 top to bottom: Jason Florio/Getty Images; Jiang Hongyan/
Shutterstock; p.11 left top to bottom: Tischenko Irina/Shutterstock; Chris leachman/Shutterstock; Nanka
(Kucherenko Olena)/Shutterstock; discpicture/Shutterstock; p.11 right top to bottom: JackK/Shutterstock;
optimarc/Shutterstock; szefei/Shutterstock; rodho/Shutterstock; p.12 Nikolay Stefanov Dimitrov/Shutterstock;
p.12 inset: Bestweb/Shutterstock; p.13 top to bottom: Judy Tan; trufero/Shutterstock; p.14 top to
bottom: wacpan/Shutterstock; bonchan/Shutterstock; Anna Hoychuk/Shutterstock; Brett Mulcahy/Shutterstock;
David Castor/Wikipedia; p.15 left to right: robcocquyt/Shutterstock; steve estvanik/Shutterstock; p.16 Rick
Nease; p.17 Lesley Palmer; p.17 inset: Russell Gordon/Newscom; p.18 left top to bottom: holbox/Shutterstock;
Pakhnyushcha/Shutterstock; J. D. Rogers/Shutterstock; Dorling Kindersley/Getty Images; p.18 right top
to bottom: Lucie Lang/Shutterstock; schankz/Shutterstock; AZP Worldwide/Shutterstock; p.19 Ho Philip/
Shutterstock; p.20 Ariadne Van Zandbergen/Newscom; p.20 inset: John Kropewnicki/Shutterstock; p.21 Andrea
Skjold/Shutterstock; p.21 top to bottom: Imageman/Shutterstock; Valentyn Volkov/Shutterstock; Madlen/
Shutterstock; Abel Tumik/Shutterstock; marilyn barbone/Shutterstock; Swapan/Shutterstock; p.22 Ariadne
Van Zandbergen/Alamy; p.23 top to bottom: imago stock&people/Newscom; Muriel Lasure/Shutterstock;
p.24 Poul Costinsky/Shutterstock; p.25 top to bottom: holbox/Shutterstock; vasiliki/iStockphoto; p.26 top to
bottom: holbox/Shutterstock; Lesley Palmer; steve estvanik/Shutterstock; p.27 top to bottom: Wayne Walton/
Getty Images; Ariadne Van Zandbergen/Alamy; Dudarev Mikhail/Shutterstock; p.27 Volina/Shutterstock; p.28
top to bottom: Levent Konuk/Shutterstock; Monkey Business Images/Shutterstock; p.29 Li Qiuchan/Xinhua/
Photoshot/Newscom; back cover: J. D. Rogers/Shutterstock

Consultant

Timothy Rasinski, Ph.D.
Kent State University

Printed in the United States of America.
010410F17

Mercados
alrededor del mundo

WITHDRAWN

Casey Null Petersen

Tabla de contenido

Mercados alrededor del mundo

En todo el mundo, la gente va a los mercados a comprar lo que necesita y vender lo que produce, cosecha o caza. Estos mercados son distintos a las tiendas de abarrotes y los supermercados que conoces. Sin embargo, en ellos se vende y compra casi todo lo que puedas imaginar.

▲ una vendedora en un mercado
flotante en Tailandia

Algunas personas van a los
mercados en automóvil o autobús. Otras
lo hacen a pie, en burro o incluso en
camello. Los mercados están en las
calles de las ciudades, en las cimas de
montañas y hasta flotando sobre el agua.

Entonces, ¿qué hay en tu lista
de compras?

◄ el mercado de aire libre en Múnich, Alemania

7

Asia

▲ un mercado flotante
en Tailandia

En China y en Tailandia están los mercados más famosos de Asia. Vietnam también tiene muchos mercados, entre ellos, uno flotante. En los mercados de la India se venden especias, especias y más especias.

Una mujer balinés carga
mercancías en su cabeza. ➤

◄ un mercado
tradicional en Malasia

En el mercado más grande de Bali se venden
alimentos y artesanías. Las mujeres cargan sus compras
sobre la cabeza.

En un mercado asiático utilizarás todos tus sentidos. Los mercados están rebosantes de hierbas y especias que se venden como medicinas y como alimentos. Hallarás doradas mostazas, canela, **jazmines** amarillos de dulce fragancia, nueces y semillas. Hay barriles llenos de aceites de colores. Puedes encontrar estómagos de pescado y huevos de mil años de antigüedad.

Estos huevos se han ➤ dejado remojar en cenizas, cal, té y sal.

Hay pescado tan fresco que todavía está nadando en tanques de agua. Los vendedores exhiben pescado seco en cestas. En la cocina asiática se utilizan coloridas verduras que forman un paisaje multicolor en los mercados.

Productos asiáticos

Frutas		Verduras	
carambola		col china	
pitaya		cebolleta	
mangostán		rizoma de loto	
rambután		soya	

Europa

Los mercados **ambulantes** son populares en Europa. Muchos mercados han estado en el mismo lugar durante siglos.

Los mercados europeos son conocidos por sus frutas, verduras, quesos, carnes secas, embutidos, panes, pescado, carne de animales silvestres, pastas, tartas, galletas, aceites y trufas.

el mercado de queso ➤ en Alkmaar, Holanda

En Alemania, durante la temporada de Navidad, surgen por todas partes mercados del "niño Jesús." A ellos llega gente de todo el mundo para comprar artículos navideños.

En Múnich, Alemania, hay un gran mercado al aire libre que ha estado abierto todos los días desde 1807. La gente compra **trufas** en un famoso mercado italiano. En París, Francia, la gente **regatea** los precios en las calles del mercado.

Trufas son una clase de hongo que crece bajo tierra.

Alrededor del mundo, la comida puede ser distinta a la que estás acostumbrado a comer. ¿Cuáles de estas cosas te gustaría comer?

pulpo de Galicia, España

salchica de sangre de Irlanda ➤

crepa Danés

extracto de levadura de Inglaterra

regaliz salado de Suecia

Latinoamérica

▲ Esta mujer vende verduras en un mercado en Perú.

▲ pescado fresco a la venta en México

Uno de los mercados más grandes de Brasil está a la orilla del agua. Allí, los compradores encuentran frutas, verduras, pescado y mariscos. El mercado más grande de Perú ocupa toda una manzana. Uno de los mercados al aire libre más grandes del mundo está en la Ciudad de México. En el mercado más grande de Guatemala se venden alimentos, telas y **ganado**.

En 1519, el explorador Hernán Cortés llegó a un gran mercado en lo que ahora es la Ciudad de México. Asombrado, escribió sobre el mercado, el cual estaba organizado como un supermercado moderno. Había pollos, cerdos, arroz, ajo, cebollas, maíz, papas, tomates, plátanos, pescado, mariscos, cacahuates, anacardos, frijoles, café, chocolate, **chiles** y telas de brillantes colores.

◣ mercados mexicanos
hoy en día

Son las mismas cosas que se pueden encontrar hoy
en día en un mercado mexicano.

¿Te gusta que los chiles sean picantes? En un mercado latinoamericano, hay para todos los gustos.

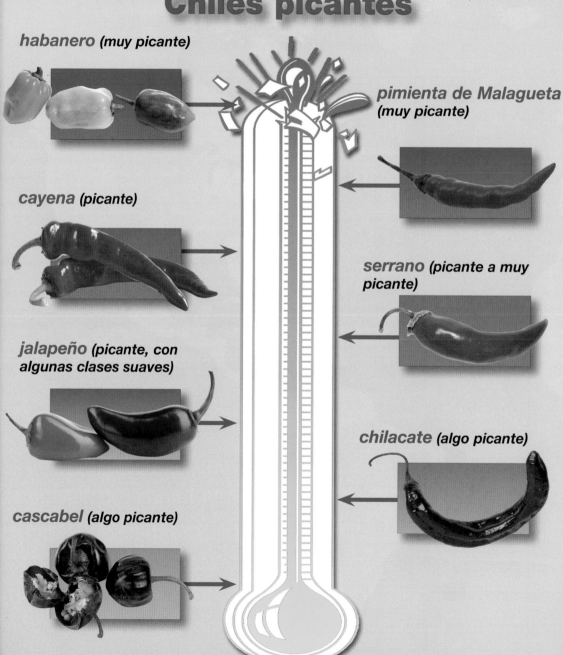

Chiles picantes

habanero *(muy picante)*

pimienta de Malagueta *(muy picante)*

cayena *(picante)*

serrano *(picante a muy picante)*

jalapeño *(picante, con algunas clases suaves)*

chilacate *(algo picante)*

cascabel *(algo picante)*

El Medio Oriente

▲ un colorido mercado de especias en Turquía

Los mercados del Medio Oriente están llenos de hierbas, especias y muchísimas cosas buenas para comer y usar. El mercado más grande de Israel está en la ciudad de Tel Aviv. Las calles de Jerusalén también se llenan de vendedores a la hora del mercado. Los habitantes de Egipto hacen sus compras en un bullicioso mercado de El Cairo.

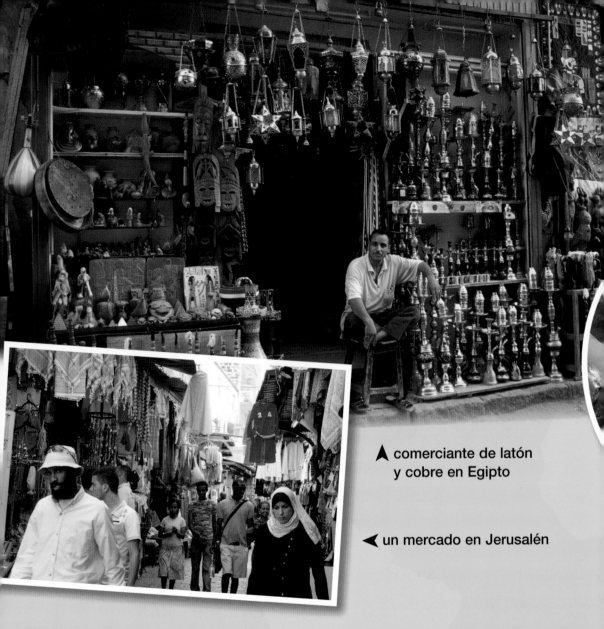

▲ comerciante de latón
y cobre en Egipto

◀ un mercado en Jerusalén

En el Medio Oriente, los compradores encuentran un mundo de cosas maravillosas en sus mercados. Compran carnes, melones, fresas, bandejas y teteras de latón y cobre, arroz, frijoles, **brochetas**, ajonjolí, yogur, miel, pescado y muchas cosas más.

▼ brocheta con arroz

Especias del Medio Oriente

baharat	
cardamomo	
fenogreco	
paprika	
azafrán	
cúrcuma	

El Medio Oriente es famoso por sus especias, las cuales se hacen mezclando varios ingredientes. ¿Cuántas conoces?

África

▲ una subasta en un mercado de pescado en Tanzania

Al amanecer, varias personas en Tanzania regatean en el mercado de pescado. De allí, van a un mercado en el otro lado de la ciudad para comprar frutas y verduras. En los mercados de Kenia, los compradores encuentran recuerdos, alimentos y ropa nueva y usada. El mercado de pescado de Casablanca, en Marruecos, flota sobre el agua. El pescado se compra directamente de los barcos.

▲ un mercado concurrido
en Tanzania

◄ un vendedor de jícaro
en Madagascar

Los mercados africanos son muy coloridos. Los productos se exhiben en cestas sobre el suelo, bajo sombrillas de colores brillantes. Las mujeres visten ropa de colores vivos y **turbantes**, que usan para cargar las compras. Las especias emiten aromas fuertes. Los africanos compran raíces, **tubérculos**, batatas, caracoles, arroz, especias, hierbas, plátanos, piñas, frijoles secos, cañas de azúcar, pollos vivos y pescado.

Estados Unidos

Por todo los Estados Unidos hay mercados al aire libre. Puedes encontrar un puesto a la orilla del camino o un mercado de granjeros, donde puedes comprar **productos agrícolas** o flores que se han cosechado en la región. Cerca de las costas hay mercados de pescado y mariscos. Incluso puedes visitar un **mercado de pulgas**, donde encontrarás casi cualquier cosa, ¡excepto pulgas!

mercado Pike Place en
Seattle, Washington ▼

El mercado de pescado y ➤
mariscos de Maine Avenue,
en Washington, DC, ha
funcionado desde 1794.

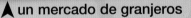
▲ un mercado de granjeros

A los compradores les gustan los mercados de
granjeros porque todo es fresco y producido en la
región. En el mercado Union Square Greenmarket
de la ciudad de Nueva York, los compradores pueden
obtener manzanas, pretzels hechos a mano y crema de
almejas. Los compradores de Seattle, Washington, van
al mercado Pike Place para comprar pescado, frutas y
artesanías hechas a mano. En casi todos los poblados
de la región central de los Estados Unidos, los granjeros
de la zona se reúnen un día a la semana para vender sus
productos y artesanías.

En el mapa

¿En qué lugar del mundo encontrarías estos mercados? ¡Mira!

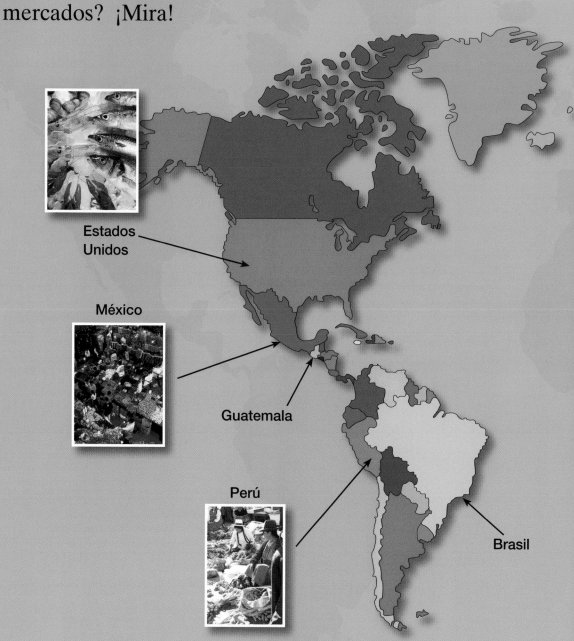

Estados Unidos

México

Guatemala

Perú

Brasil

Alemania

Francia

China

Vietnam

Malasia

Israel

Egipto

Tailandia

Kenia

Bali

Tanzania

Marruecos

27

Vamos al mercado

En todo el mundo, la gente compra y vende cosas. La próxima vez que visites un mercado, piensa cuántas personas en el mundo están de compras en sus mercados en ese momento, al igual que tú.

▲ Los mercados alrededor del mundo están llenos de las cosas que la gente necesita.

Los mercados alrededor del mundo están llenos de las cosas que la gente necesita.

Glosario

ambulante—que viaja o se mueve de un lugar a otro; errante

brocheta—pequeños trozos de carne y verduras ensartados en una varilla metálica o de madera

carambola—una fruta tropical de Asia que es amarilla y de forma de una estrella cuando está cortada por el medio

chile—fruto fresco o seco, de fuerte sabor y picante en distintos grados, que se utiliza para dar sabor a la comida

col china—un repollo de China

ganado—animales de granja criados para alimento

jazmín—un arbusto con flores aromáticas, usado en perfume

mangostán—una fruta con el sabor similar a la combinación de duraznos y piñas

mercado de pulgas—mercado donde se venden cosas usadas, normalmente al aire libre

pitaya—una fruta de sabor soso y con el exterior brillante

productos agrícolas—lo que se obtiene de granjas y hortalizas, como las frutas y verduras

rambután—una fruta pequeña similar al lichi en forma y sabor

regatear—discutir algo (por lo general un precio) hasta llegar a un acuerdo

rizoma de loto—la raíz de la planta de loto

soya—un frijol con alto contenido de aceite y proteína

trufa—hongo que crece bajo tierra y es poco común y muy costoso

tubérculo—parte gruesa del tallo subterráneo de ciertas plantas, como la papa y la batata

turbante—pieza larga de tela que se enrolla en la cabeza

Índice

CONTRA COSTA COUNTY LIBRARY
31901061130730